PLANETA ANIMAL

EL CISNE

POR VALERIE BODDEN

CREATIVE EDUCATION • CREATIVE PAPERBACKS

Publicado por Creative Education
y Creative Paperbacks
P.O. Box 227, Mankato, Minnesota 56002
Creative Education y Creative Paperbacks son marcas
editoriales de The Creative Company
www.thecreativecompany.us

Diseño de The Design Lab
Producción de Rachel Klimpel y Mike Sellner
Editado de Alissa Thielges
Dirección de arte de Rita Marshall
Traducción de TRAVOD, www.travod.com

Fotografías de Alamy (Nature Picture Library, Naturepix),
Getty (Antagain, Chaokai Shen, Devonyu, Eastcott
Momatiuk, Jeff Foott, Kristian Bell, Nevena Uzurov, Sarah
Köster/EyeEm, W. Wisniewski), iStock (DrPAS, Sally
Scott), Shutterstock (blackroofers, Ratikova)

Library of Congress Cataloging-in-Publication Data
Names: Bodden, Valerie, author.
Title: El cisne / by Valerie Bodden.
Other titles: Swans. Spanish
Description: Mankato, Minnesota: Creative Education and
Creative Paperbacks, [2023] | Series: Planeta animal
| Includes index. | Audience: Ages 6–9 | Audience:
Grades 2–3
Identifiers: LCCN 2021061160 (print) | LCCN
2021061161 (ebook) | ISBN 9781640266810 (library
binding) | ISBN 9781682772379 (paperback) | ISBN
9781640008229 (ebook)
Subjects: LCSH: Swans—Juvenile literature.
Classification: LCC QL696.A52 B63418 2023 | DDC
598.4/18–dc23/eng/20211222
LC record available at https://lccn.loc.gov/2021061160
LC ebook record available at https://lccn.loc.
gov/2021061161

Tabla de contenido

Los cisnes son aves grandes. Existen siete tipos de cisnes en el mundo. Todos son buenos para volar y nadar.

Los cisnes tienen cuellos largos y picos grandes.

Los cisnes están cubiertos de plumas. La mayoría de ellos tiene plumas blancas. Pero algunos cisnes tienen plumas negras. Los cisnes tienen el cuello largo. También tienen alas largas.

A medida que crecen, les van saliendo plumas más largas.

El cisne es una de las aves voladoras más grandes. Algunos cisnes pesan más de 20 libras (9 kg). Pueden tener la altura de un niño de segundo grado. Estas grandes aves pueden volar rápido. ¡Algunos pueden volar a la misma velocidad que un auto sobre la carretera!

Los cisnes se ven aún más grandes cuando extienden sus alas.

*Algunos viven parte
del año en zonas frías.*

A los cisnes les gusta vivir cerca del agua. Algunos viven en el **Ártico** durante el verano. En el otoño, estos cisnes **migran**. Vuelan hacia lugares más cálidos.

Ártico un área en la parte superior de la Tierra donde no crecen árboles

migrar mudarse a un nuevo hogar en una zona diferente

Alos cisnes les gusta comer plantas que crecen debajo del agua. Meten la cabeza bajo el agua y jalan las plantas para comer. Algunos cisnes también comen peces. A veces, los cisnes comen plantas de los campos agrícolas.

Los cisnes encuentran la mayoría de su comida en aguas poco profundas.

Los cisnes vigilan
sus huevos para
mantenerlos a salvo.

La madre cisne pone huevos. Se sienta en ellos para mantenerlos calientes. Después de cinco o seis semanas, los huevos eclosionan. Los polluelos del cisne pueden nadar casi de inmediato. Después de uno o dos meses, aprenden a volar. Los cisnes salvajes pueden vivir más de 25 años.

eclosionar romperse para abrirse

polluelo de cisne un cisne que tiene menos de un año de edad

Generalmente, los cisnes tienen una única pareja de por vida.

Los cisnes pasan parte del día descansando en tierra firme. También pasan parte del día nadando. Reman con sus **patas palmeadas**. Algunos cisnes usan sus alas como velas para moverse más rápido en el agua.

patas palmeadas patas con dedos unidos por trozos de piel

En el otoño y la primavera, la mayoría de los cisnes pasan mucho tiempo volando. Migran hacia sus nuevos hogares. A veces, hacen sonidos mientras vuelan. Algunos cisnes hacen "jú-jú". Otros cisnes suenan como trompeta.

Los cisnes pueden volar largas distancias cuando migran.

El cisne es una de las aves más bellas del mundo. A la gente le gusta mirar a los cisnes. Encuentran cisnes en la naturaleza o los visitan en los zoológicos. Algunos piensan que el cisne simboliza el amor.

Al grupo de cisnes se le llama parvada.

Un cuento del cisne

¿Por qué algunos cisnes son negros? En el **continente** de Australia, la gente tiene un cuento sobre dos cisnes blancos. Estas aves descansaban en el lago. Pero en ese lago vivían grandes halcones. Los halcones les arrancaron las plumas a los cisnes. Algunos cuervos sintieron lástima por los cisnes. Por ello, les dieron algunas de sus plumas negras para que se cubrieran. ¡Desde entonces, los cisnes de Australia tienen plumas negras!

continente una de las siete grandes extensiones de tierra del planeta

Índice